LA MISTERIOSA ECUACIÓN DE CAMARILLA

El Santo Grial Del Comerciante Decodificado

José Manuel Moreira Batista

Lo que los lectores dicen

"Considero que libros como este son joyas ocultas. No mucha gente sabe de su existencia, pero definitivamente es una lectura fantástica. Admiro lo bien informado que está el autor al escribir este libro. Él responde a muchas preguntas que he tenido desde hace mucho, mucho tiempo en relación con la Ecuación de Camarilla - es como si estuviera leyendo mi mente. ¡Lo recomiendo encarecidamente para todos los comerciantes!" – *JP*

"Un libro excelente. Directo al grano y claro. Contiene toda la información necesaria para utilizar la Ecuación de Camarilla. " - *Martinez*

"Voy a recomendar este libro a todos mis compañeros." - *Prosper T.*

"Realmente me encantó este libro... Me mantuvo pensando y mi cerebro trabajó durante toda la lectura.... Me encantan los libros que tienen que ver con los números y me encanta dar mi cerebro un buen reto..... El libro está muy bien escrito y es muy interesante, con muchos hechos que no sabía... me encanta su estructura ya que cualquiera puede comprenderlo y no tienes que ser un genio de las matemáticas para leerlo... Tengo ganas de leer más libros geniales de este autor..." – *Cliente Amazon 360*

"Por fin, un libro sobre los puntos clave de la ecuación de camarilla. También incluye herramientas de prueba. Para comerciantes serios." - *Leonel Trachu*

INTRODUCCIÓN

ARTURO: ¡Si no nos muestras el Grial, tomaremos tu castillo por la fuerza!

GUARDIA: ¡No nos asustáis, cerdos ingleses! Fuera de aquí necios. Me burlo de ti, supuesto rey Arturo, de ti y tus caballeros tontos. ¡Thppppt!

GALAHAD: Que persona más extraña.

ARTURO: ¡Escúchame, buen hombre!

GUARDIA: ¡No quiero seguir hablando contigo, animal de cabeza hueca! ¡Me mofo de ti! ¡Tu madre era un hámster y tu padre olía a bayas!

GALAHAD: ¿Hay otra persona ahí arriba con la que podríamos hablar?

GUARDIA: ¡No, y ahora vete o seguiré mofándome de ti!

~ Monty Python y el Santo Grial

La Misteriosa Ecuación de Camarilla: El Santo Grial del Comerciante Decodificado es un vistazo detrás de la cortina de este sistema de comercio que es supuestamente muy popular y extremadamente eficaz que paradójicamente permanece mayormente inexplorado. Da al lector un conocimiento práctico de la Ecuación de Camarilla, así como las herramientas para analizarla más a fondo.

La Misteriosa Ecuación de Camarilla: El Santo Grial del Comerciante Decodificado comienza con una vista general de los curiosos orígenes de la *camarilla* y luego procede a revisar sus fórmulas y pautas comerciales.

Hay un procedimiento de prueba diseñado para evaluar el desempeño comercial de la Ecuación de Camarilla. Los lectores pueden descargar libremente una herramienta para pruebas a través del enlace que hay dentro del libro.

¡Comercie con sentido común, diviértase y obtenga beneficios!

José Manuel Moreira Batista

Tabla de Contenidos

Un nombre misterioso

El primer elemento misterioso de la Ecuación de Camarilla es su nombre. De alguna manera *camarilla* es una palabra que transmite de inmediato la sensación de que estamos frente a algo oscuro y enigmático. Es una palabra española, que se define en el *Diccionario de la Real Academia Española*, el diccionario de referencia para el idioma español, como "Un grupo de personas que influyen subrepticiamente las decisiones del estado o las de otras autoridades superiores." *Wikipedia* y *Merriam Webster* concurren, destacando que esta influencia se realiza mediante "asesores no oficiales" en un "proceso no oficial". El término parece haber sido utilizado por primera vez durante el segundo reinado de Fernando VII en España, desde 1813 a 1833. Su régimen autocrático fue dirigido por una camarilla de sus favoritos. La palabra favorito hacía referencia a personas de ambos sexos que tenían diversos grados de intimidad e influencia con un monarca o su cónyuge.

Las camarillas más notorias se encontraron más tarde en Alemania, introduciendo de esta manera la palabra Kamarilla en el vocabulario alemán. El príncipe Philipp zu Eulenburg era conocido por ser el jefe de lo que llegó a ser conocida como la Camarilla Gay del Kaiser Willhelm II de Alemania. Fue atacado en repetidas ocasiones en el periódico Die Zukunft por Maximilian Harden, su editor judío anti-monárquico. Harden denunció a Eulenberg como "el líder de una camarilla siniestra y afeminada" que también incluyó al comandante militar del Conde de Berlín Kuno von Moltke. La homosexualidad era entonces un delito penal y se produjo el mayor escándalo del segundo

Reich alemán. Eulenberg y otras figuras prominentes fueron finalmente llevadas a juicio, pero no hubo consecuencias importantes. A pesar de sus tribulaciones la influencia de Eulenberg continuó a través de los muchos amigos que tenía en el gobierno y en el ejército. Él era un firme partidario del expansionismo alemán antes y durante la Primera Guerra Mundial. Después de la guerra, al parecer, reconsideró sus opiniones belicosas. Murió en 1921, un año antes de que Maximilian Harden fuera severamente golpeado por miembros de los Freikorps, (organizaciones nacionalistas paramilitares con una fuerte inclinación anticomunista). Sturmabteilung (S.A.) líder Ernst Röhm, Schutzstaffel (S.S.) líder Heinrich Himmler, y Protector del Reich de Bohemia y Moravia, Reinhard Heydrich, entre muchos otros que más tarde se convirtieron en líderes nazis, eran miembros de los Freikorps.

Siendo elegido como el segundo presidente del Segundo Reich, el héroe de guerra alemán el mariscal de campo Paul von Hindenburg también se rodeó de una camarilla. Era dirigida por su propio hijo, Oskar von Hindenburg, e incluyó a Otto Meissner, el general Wilhelm Groener, y el general Kurt von Schleicher. Curiosamente, esta camarilla consiguió su poder de... - ¡una fórmula! Era conocida como la Fórmula 25/48/53, y los números aludían a los tres artículos en la Constitución de la República de Weimar que permitieron la formación de un gobierno presidencial. Años de tramas y maniobras políticas, en particular por parte de Schleicher, acabaron facilitando el ascenso de Adolfo Hitler como canciller en enero de 1933.

Tras la muerte de Hindenburg al año siguiente, la presidencia fue suspendida, el Reichstag disuelto y todo el poder en Alemania se concentró en manos de Hitler y su camarilla nazi. Schleicher fue uno de los abatidos a tiros en su casa el 30 de junio 1934 durante el sangriento episodio conocido como la noche de los cuchillos largos.

El régimen nazi y algunos de sus principales figuras a menudo se han relacionado con el ocultismo y el misticismo, sociedades secretas oscuras, teorías de conspiración e incluso cuentos de vampiros. Los populares libros de la Mascarada identifican una gran secta de vampiros que pretende encajar entre los seres humanos con el fin de alimentarse más fácilmente de ellos. Su nombre: La Camarilla.

A medida que el final de la Segunda Guerra Mundial se acercaba, hubo un reclutamiento masivo de científicos alemanes por parte los EE.UU., y la parte más visible y ampliamente conocida culminó en el Proyecto Manhattan y el desarrollo de la bomba atómica. Sin embargo, el alcance del esfuerzo americano está saliendo a la luz sólo ahora. *The Paperclip Conspiracy: The Hunt for the Nazi Scientists* por Tom Bower y *Hitler's Suppressed and Still-Secret Weapons* escrito por Henry Stevens son dos de las obras que tratan de arrojar luz sobre lo que realmente sucedió.

Sin lugar a dudas, la Alemania nazi tenía el conocimiento científico y tecnológico más avanzado del mundo en una amplia gama de áreas. EE.UU. fue el principal beneficiario de esa producción intelectual. Posiblemente la URSS (ahora Rusia) y el Reino Unido se beneficiaron también, aunque a una escala mucho más pequeña. Algunos de los registros, probablemente se han perdido, fueron destruidos o escondidos. En otros casos fueron vendidos subrepticiamente, como ocurrió en el oeste de Berlín en febrero de 1988. En esa ocasión, decenas de miles de archivos nazis desaparecieron de una oficina de registros, presumiblemente adquirida por distribuidores militares y coleccionistas de recuerdos.

Un comerciante misterioso

El rumor que circula por internet dice que en 1989, unos meses después de que los documentos nazis desaparecieron, como teóricos de la conspiración señalarían, "un comerciante de bonos exitoso llamado Nick Scott descubrió la Ecuación de Camarilla, mientras comerciaba de día".

¿Quién fue Nick Scott? Buscando "Nick de Scott" en internet vemos algunos individuos que, obviamente, no pueden ser el hombre en cuestión. Varios sitios web repiten la historia de que él es el cerebro detrás de la ecuación sin añadir ninguna otra información relevante o cuestionar el hecho. El único sitio que parece clarificar algo es **CamarillaEquation.com** que transcribe una entrevista con el comerciante difícil de encontrar.

CamarillaEquation.com es un sitio peculiar ya que no tiene una página de "Acerca de nosotros" o "Contáctenos". La mayor parte de la información está relacionada con el comercio de día con la Ecuación de Camarilla y se remonta a 2003, año en que el dominio fue registrado. El sitio parece servir básicamente para la entrevista con Nick Scott y para direccionar a otro sitio, **SureFireThing.com** (más sobre esto más adelante).

En esta famosa entrevista, Nick Scott es descrito como un hombre alto, de mediana edad, con sobrepeso al que le gusta beber, pero posee un intelecto agudo. La conversación supuestamente tiene lugar en un bar situado en el exclusivo barrio donde Scott vive con su esposa e hijos. El texto no tiene fotos del local, del entrevistado o del entrevistador, cuya identidad nunca se menciona.

Hay dos temas en la breve entrevista. El primero intenta hacer que Nick Scott parezca un gran intelectual con "una educación clásica en una escuela superior" y un gran comerciante: "La razón por la que yo soy Nick Scott y tú no lo eres es que yo me adapto a diario" La entrevista también alude a las grandes fuentes de inspiración de la ecuación: reconocimiento de patrones, números de Fibonacci, Perfil del Mercado de Steidlmayer, e incluso una referencia errónea a la Media de Oro (un concepto filosófico aristotélico), confundiéndola con la Proporción Áurea (una relación matemática entre dos números).

Si alguien quisiera establecer las credenciales de alguien como un pez gordo operador del mercado financiero en los años 80 la etiqueta de "operador de bonos" sin duda contribuye mucho a la hora de lograr ese objetivo. Como presidente de la Reserva Federal, Paul Volcker, limitó la oferta monetaria para combatir la inflación, las tasas de interés subieron a niveles récord y las operaciones de bonos también lo hicieron. Los déficits presupuestarios federales que seguían aumentando contribuyeron a la arena de ingreso fijo a medida que el suministro de valores del Tesoro se disparó. La industria de Ahorros y Préstamos se unió al frenesí especulativo después de haber sido liberalizada por el Congreso. A Michael Milken se le ocurrió el revolucionario concepto de bono basura, lo que alimentó la fiebre de toma de posesión que se produjo rápidamente. Legiones de graduados de universidades de negocios se transformaron en banqueros de inversión e hicieron millones de la noche a la mañana asesorando sobre las grandes ofertas de la década. En el best-seller de 1897 de Tom Wolfe The Bonfire of the Vanities, el personaje central era el "amo del universo" el operador de bonos Sherman McCoy. Dos años más tarde apareció el Liar's Poker de Michael Lewis, relatando sus experiencias como vendedor de bonos en Salomon Brothers. ¡El operador de bonos Nick Scott seguramente se codeó con la gente correcta!

El segundo tema de la entrevista nos lleva al tercer misterio, que es la propia ecuación.

Un cuento misterioso

Una búsqueda en *Google* de "Ecuación de Camarilla" nos da cerca de 48.000 resultados. Varios de los resultados muestran *una* ecuación de Camarilla. Algunos de los sitios donde se puede encontrar una ecuación afirman que "la han encontrado", "descubierto" o " descifrado". Algunos atribuyen su origen al "exitoso operador de bonos Nick Scott", mientras que otros dicen que la han "encontrado en la Web." También están aquellos que no dice nada en absoluto sobre su procedencia.

¿Así que hay docenas de ecuaciones diferentes por ahí? No. Las diferentes versiones de la ecuación resultan ser bastante consistente, es decir, tienen básicamente la misma formulación con pequeñas variaciones. Para decirlo de una manera diferente, es probable que tengan la misma raíz. Esto significa que, o bien fueron copiadas de la misma fuente o varias personas la modificaron y llegaron a la misma serie de fórmulas originales, o ambos casos.

Eso nos lleva de nuevo al segundo tema de la entrevista, una serie de fragmentos destinados a distinguir la ecuación original y secreta de Camarilla de las versiones de imitación disponibles en Internet. Según esto, la verdadera ecuación de Camarilla nunca ha sido revelada y Nick Scott la licencia sólo a través del sitio **SureFireThing.com**. La ecuación implica un "proceso muy enrevesado", que "no cabe en unas pocas líneas de código". Nick Scott hace hincapié en que la complejidad de las matemáticas involucradas hace que sea muy poco probable que otras personas hayan encontrado la ecuación. En sus palabras, otras versiones de la Ecuación de Camarilla "no funcionan tan bien como la auténtica, me han dicho."

Una visita al sitio **SureFireThing.com** revela que también carece de la página "Acerca de nosotros". Sí tiene una sección "Contáctenos", aunque uno tiene que registrarse primero para poder usarla. Este es un sitio con membresía, la compra de la suscripción mensual ($ 179, la última vez que lo miré) le permite el acceso a la Ecuación de Camarilla de SureFireThing, desarrollada por el operador de bonos Nick Scott. Este es también el único sitio que se encuentra en la búsqueda de *Google* que realmente cobra por la ecuación, todos los demás la comparten gratuitamente.

Especulaciones

¿Qué debemos entender de todo esto? ¿Son Nick Scott y la entrevista simplemente un invento? Con la evidencia que hay disponible, eso sin duda no se puede descartar. Pero ¿por qué iba alguien a tomarse tantas molestias? Hay varias respuestas posibles, todas derivadas del deseo de ganar dinero vendiendo la ecuación en lugar de limitarse a operar con ella. Para eso, todo lo que uno necesita es un corredor.

Especulación 1

Supongamos que John Doe encuentra la ecuación y quiere venderla. Al ser John Doe no tiene ninguna credibilidad en particular para ayudarle a comercializar el sistema. Pero John es un hombre creativo y él inventa un misterioso nombre, la Ecuación de Camarilla. Para añadir credibilidad, añade el cuento de que fue desarrollada por un gran operador de bonos, Nick Scott. Las ventas empiezan a aumentar y el futuro parece muy bueno. Entonces algunos de los comerciantes que han estado utilizando la ecuación la descifran y comienzan compartirla. Las ventas se desploman. ¿Qué hacer? Una vez más, a John Doe se le ocurre una idea brillante: ¡entrevistar a Nick Scott y diferenciar la ecuación original, verdadera y secreta de todas las que la imitan!

Especulación 2

Otra posibilidad: supongamos que el desarrollador de la ecuación es un personaje real. Él es verdaderamente un "comerciante extraordinario." Quiere vender su invento, pero su esposa se divorcia de él y le deja sin dinero o su contrato de trabajo le obliga a ceder cualquier propiedad intelectual a su empleador, o por cualquier otra razón, no quiere que su nombre real se asocie con esto. ¿Qué debería hacer? Hmm... - ¿Qué tal un ligero cambio de nombre?

Especulación 3

Tercer escenario: El comerciante Tim compró un documento con fórmulas matemáticas que, tras varias experimentaciones, se convierten en la base de un sistema de comercio prometedor. Por desgracia, el autor del documento, a pesar de ser una mente brillante, tiene un pasado oscuro y está fuertemente asociado con algunos personajes desagradables. Tim se da cuenta de que necesita una historia alternativa para envasar y comercializar el sistema.

A menudo se dice que la realidad supera a la ficción, pero independientemente de cuál es la verdad sobre los orígenes de la Ecuación de Camarilla y la verdadera identidad de su creador, la pregunta realmente importante que hay que contestar es: -¿ *Funciona?*

Un breve repaso

Conceptos fundamentales

La Ecuación de Camarilla se basa en el análisis técnico que tiene como objetivo predecir los precios futuros mediante la evaluación del equilibrio de poder entre las fuerzas de la oferta y la demanda. El análisis técnico tiene como principios básicos que:

a) El mercado descuenta todo;

b) El precio se mueve según las tendencias;

c) La historia se repite.

Vale la pena revisar brevemente las herramientas de análisis técnico que parecen relacionarse más estrechamente a la formulación de la Ecuación de Camarilla y su posicionamiento en el comercio. Los principales conceptos que permiten probar una estrategia de negociación describen de forma concisa en esta sección.

Precio

En cualquier momento dado el precio de un activo representa las expectativas del consenso de los compradores (que esperan que el precio suba) y los vendedores (que esperan que el precio baje). A menudo se utilizan varios tipos de precios:

De Apertura - el precio de la primera operación del período (por ejemplo, el primer comercio de la mañana).

Alto - el precio más alto comerciado durante el período. En este punto, más vendedores que compradores comenzaron a aparecer.

Bajo - el precio más bajo que fue comerciado durante el período. En este punto más compradores que vendedores comenzaron a aparecer.

De Cierre - el precio de la última operación del período (por ejemplo, el último comercio de la tarde).

Medio - el promedio de los precios altos y los bajos para el período.

Típico - el promedio de los precios alto, bajo y de cierre del período.

Cierre Ponderado - la suma del precio alto, bajo y dos veces el precio de cierre dividido por cuatro.

(Precio) Rango - la diferencia entre el precio más alto y el precio más bajo.

Por ejemplo, el 21 de abril el índice S&P 500 se abrió en 1,865.79 tocó un máximo de 1,871.89 y un mínimo de 1,863.18 y cerró en 1,871.89. Los valores calculados son:

Medio: (1,871.89 + 1,863.18) / 2 = 1,867.54

Típico: $(1{,}871.89 + 1{,}863.18 + 1{,}871.89) / 3 = 1{,}868.99$

Cierre Ponderado: $(1{,}871.89 + 1{,}863.18 + 1{,}871.89 \times 2) / 4 = 1{,}869.71$

Rango: $1{,}871.89 - 1{,}863.18 = 8.71$.

Tendencias

Una tendencia es la dirección general de los precios. Hay tendencias alcistas (el precio está subiendo) y tendencias bajistas (el precio está bajando) y movimiento lateral (ausencia de una clara tendencia alcista o bajista).

Una **tendencia alcista** está formada por una serie de máximos más altos y más bajos. Una línea de tendencia al alza es una línea trazada en los bajos de una tendencia al alza.

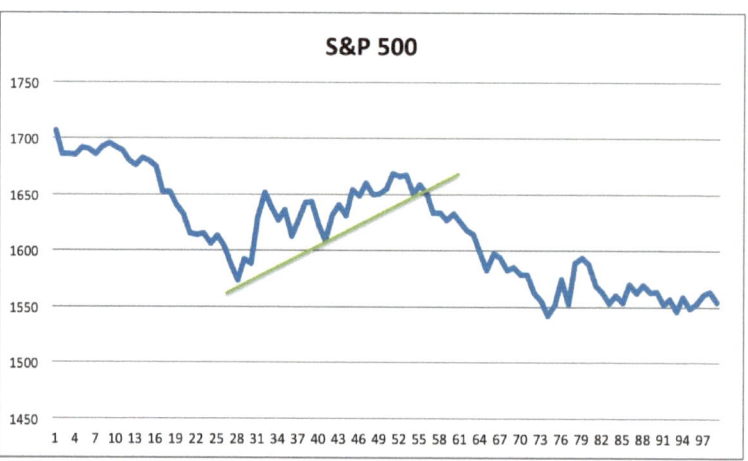

Tendencia alcista en un gráfico de índice S&P 500.

Una tendencia bajista está formada por una serie de puntos bajos más bajos y altos más bajos. Una línea de tendencia a la baja es una línea trazada en los altos de una tendencia a la baja.

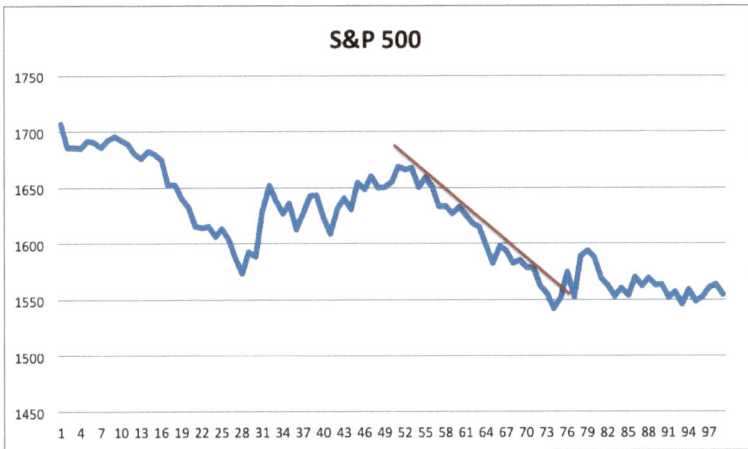

Tendencia bajista en un gráfico de índice S&P 500.

Una tendencia **lateral** u horizontal no tiene una clara acción ascendente o descendente.

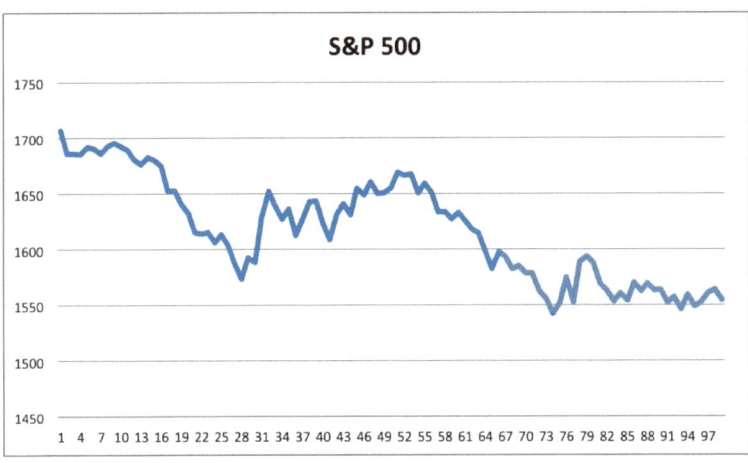

Tendencia lateral en un gráfico de índice S&P 500.

Soporte y resistencia

Soporte es el nivel de precios por debajo del cual los participantes del mercado no esperan que el precio del activo caiga. Por el contrario la **resistencia** es el nivel de precios por encima del cual los participantes del mercado no esperan que el precio del activo suba. En el soporte muchos de los compradores están dispuestos a comprar el activo. En la resistencia muchos vendedores están dispuestos a vender. Si un nivel de soporte o resistencia se rompe eso significa que las expectativas han cambiado. A menudo, si el precio cae por debajo de un nivel de soporte, ese nivel se convertirá entonces en la resistencia. Por el contrario, si el precio se eleva por encima de un nivel de resistencia, se convertirá en soporte.

Soporte (verde) y Resistencia (rojo).

Números de Fibonacci

Leonardo Pisano Bigollo, conocido como Fibonacci, fue un matemático italiano muy importante del siglo 13, que introdujo el sistema de numeración hindú-árabe en Europa. También dio a conocer una secuencia de números que llegó a ser conocida como los números de Fibonacci. En una secuencia de Fibonacci, los dos primeros números son, por definición, 0 y 1, y después cada número en la serie es la suma de los dos números anteriores:

0, 1, 1, 2, 3, 5, 8, 13, 21, 34, 55, 89, 144, etc.

Parece que esta secuencia se ha desarrollado para responder a la pregunta de cuántos pares de conejos resultarán de un primer par en un año, si cada mes cada par produce un nuevo par que, a partir del segundo mes en adelante, se reproduce. Los números de Fibonacci aparentemente aparecen en todo el mundo natural. Tanto el número de hojas de una planta y el número de pétalos de una flor tienden a ser un número de Fibonacci.

Si un número en la serie de Fibonacci se divide por el número que le sigue, se obtiene aproximadamente la **proporción áurea**, o 61,8% que se encuentra en varias proporciones naturales. Otras relaciones significativas se obtienen dividiendo un número en la serie por el que se coloca 2, 3, etc., lugares a la derecha. Por ejemplo: 89/144 = 61.8%, 55/144 = 38.2%, 34/144 = 23.6%.

Números de Fibonacci

Series	Proporción N / N+1	Proporción N / N+2	Proporción N / N+3
1	0.500	0.333	0.200
2	0.667	0.400	0.250
3	0.600	0.375	0.231
5	0.625	0.385	0.238
8	0.615	0.381	0.235
13	0.619	0.382	0.236
21	0.618	0.382	0.236
34	0.618	0.382	0.236
55	0.618	0.382	0.236
89	0.618	0.382	0.236
144	0.618	0.382	0.236
233	0.618	0.382	0.236
377	0.618	0.382	0.236

Números de Fibonacci

Por razones misteriosas, estas proporciones determinan importantes niveles de soporte y resistencia para los precios de los activos. Los niveles se calculan mediante un proceso conocido como **retrocesos de Fibonacci**. Esta consiste en tomar un punto alto y un punto bajo de un gráfico y dividir el gráfico por las proporciones de Fibonacci. Los niveles identificados con este proceso son los niveles de soporte y resistencia.

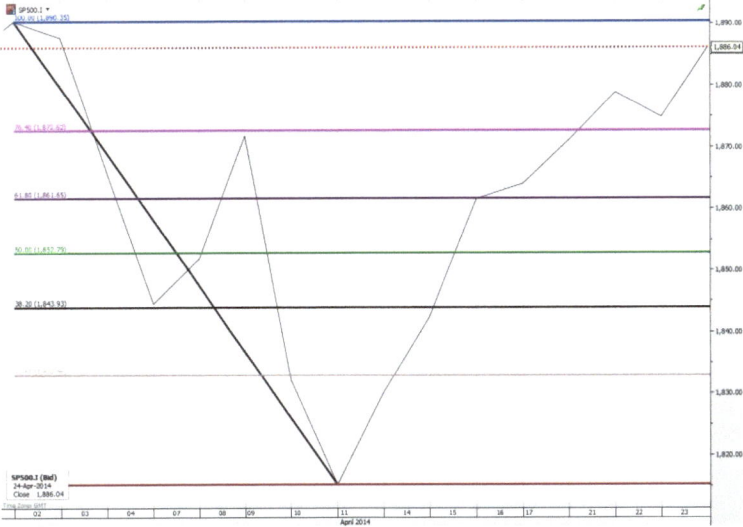

Retroceso de Fibonacci – *Gráfico de la plataforma de Saxo Bank SaxoTrader2.*

El 2 de abril el S&P500 cerró en 1,890.35. En los siguientes días cayó y el 11 de abril cerró en 1,815.23. Tomando estos dos puntos como altos y bajos, el gráfico anterior muestra los niveles de retroceso de Fibonacci. El 23 de abril, el S&P500 cerró en 1,875.39 en su camino de regreso al anterior 1,890.35 habiendo superado los niveles de resistencia clave.

Regresión a la media

La tendencia de los precios a converger (regresar) en un valor medio en el tiempo se llama **regresión a la media**. Por ejemplo, si el precio reciente de una acción excede significativamente su promedio a largo plazo, se puede esperar a que caiga en un futuro próximo, a medida que regresa a su media. Del mismo modo, si el precio reciente de una acción ha estado significativamente por debajo de su media a largo plazo, es de esperar que aumente en un futuro próximo.

Puede haber razones fundamentales que justifican la salida de una media histórica (por ejemplo, piense en la introducción del iPod de Apple). La regresión a la media funciona a menudo, pero hay un punto en que simplemente deja de funcionar.

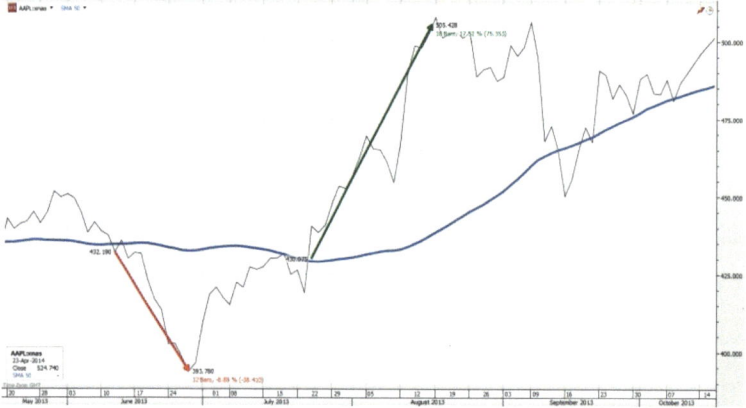

Regresión a la media (AAPL) – *Gráfico de la plataforma de Saxo Bank SaxoTrader2.*

Rupturas

Cuando el precio de un activo se mueve a través de un soporte o resistencia se produce una **ruptura**. A veces el término ruptura se utiliza para referirse a un movimiento a través de la resistencia y el término *ruptura* se utiliza para referirse a un movimiento a través del soporte.

Cuando se produce una **ruptura**, es probable que se compre más y se puede esperar un nuevo aumento de los precios. El nivel de resistencia anterior ahora se convierte en un nivel de soporte.

Ruptura - *Gráfico de la plataforma de Saxo Bank SaxoTrader2.*

Cuando se produce una **ruptura**, es probable que haya más venta y una nueva disminución de los precios es de esperar. El nivel de soporte anterior se convierte ahora en un nivel de resistencia.

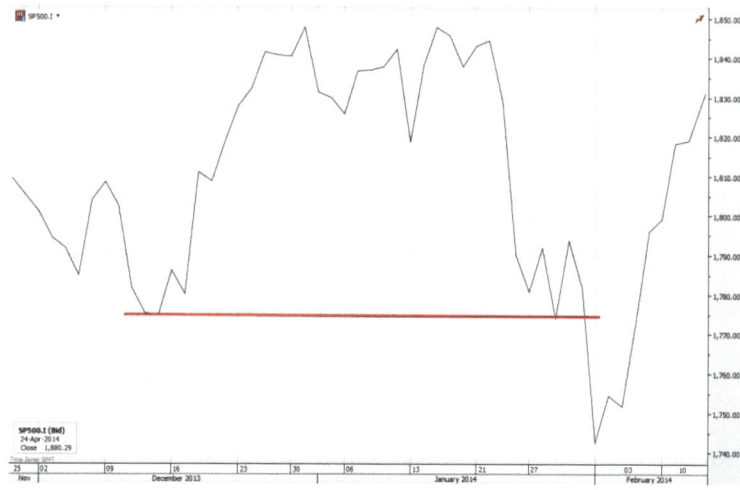

Ruptura - *Gráfico de la plataforma de Saxo Bank SaxoTrader2.*

Puntos pivote

Estos son indicadores de análisis técnicos utilizados para determinar la tendencia general del mercado en distintos marcos temporales. El punto de pivote para un día (período) es el precio típico del día anterior (período). Comerciar por encima del punto de pivote se considera alcista, mientras que comerciar por debajo del punto de pivote se considera bajista. Hay muchas formulaciones de puntos de pivote, una siendo los Puntos de Pivote de Suelo que define los niveles de soporte y resistencia para el día N calculado de la siguiente manera:

Punto Pivote $_N$ (PP) = (Alto $_{N-1}$ + Bajo $_{N-1}$ + Cierre $_{N-1}$) / 3

Primer punto de resistencia (R1) = 2 x Punto Pivote $_N$ - Bajo $_{N-1}$

Segundo punto de resistencia (R2) = Punto Pivote N + Alto N-1 - Bajo N-1

Tercer punto de resistencia (R3) = Alto N-1 + 2 x (Punto Pivote N - Bajo N-1)

Primer punto de soporte (S1) = 2 x Punto Pivote $_N$ - Alto $_{N-1}$

Segundo punto de soporte (S2) = Punto Pivote $_N$ - Alto $_{N-1}$ + Bajo $_{N-1}$

Tercer punto de soporte (S3) = Bajo N-1 - 2 x (Alto N-1 - Punto Pivote N)

Recuerde que el 21 de abril el índice S&P 500 tuvo un alto de 1,871.89, un bajo de 1,863.18 y cerro en 1,871.89. El 22 de abril, los cálculos de los puntos de pivote del suelo son:

PP = (1,871.89 + 1,863.18 + 1,871. 89) / 3 = 1,868.99

R1 = 2 x 1,868.99 − 1,863.18 = 1,874.79

R2 = 1,868.99 + 1,871.89 - 1,863.18 = 1,877.70

R3 = 1,871.89 + 2 x (1,868.99 - 1,863.18) = 1,883.50

S1 = 2 x 1,868.99 − 1,871.89 = 1,866.08

S2 = 1,868.99 − 1,871.89 + 1,863.18 = 1,860.28

S3 = 1,863.18 - 2 x (1,871.89 − 1,868.99) = 1,857.37

Proporciones de pérdidas y ganancias

La **proporción de ganancias** de una estrategia de negociación se obtiene dividiendo el número total de operaciones exitosas que se generan por el número total de operaciones que generó:

Proporción de ganancias = Número de operaciones ganadoras / número total de operaciones

La proporción de pérdidas se calcula deduciendo la proporción de ganancias de 1:

Proporción de pérdidas = 1 - (proporción de ganancias)

Relación recompensa riesgo

La **relación recompensa - riesgo** es una comparación entre la cantidad promedio ganada cuando una estrategia de negociación resulta en una operación exitosa y la cantidad promedia perdida cuando resulta en una operación sin éxito:

Relación recompensa-riesgo = (cantidad promedia ganada si el comercio tiene éxito) / (cantidad promedia perdida si el comercio no tiene éxito)

La relación recompensa-riesgo límite es una comparación entre el importe máximo ganado cuando una estrategia de negociación resulta en una operación exitosa y la cantidad máxima perdida cuando se hace una operación sin éxito:

Relación recompensa-riesgo límite = (cantidad máxima ganada si la operación tiene éxito) / (cantidad máxima perdida si la operación no tiene éxito).

Expectativa

La **expectativa** de una estrategia de negociación es una medida que combina la proporción recompensa - riesgo y las proporciones de pérdidas y ganancias y nos dice si la estrategia es rentable a largo plazo.

Expectativa = (recompensa - riesgo) x (proporción ganancia) - (proporción pérdida)

Si una estrategia tiene una expectativa positiva entonces ganará dinero a largo plazo. Si la expectativa de la operación es negativa, perderá dinero y no debe comerciarse. Si la Estrategia A tiene una expectativa más alta que la estrategia B, entonces deberíamos preferir la Estrategia A frente a la B.

La **expectativa límite** se calcula de la misma manera pero utilizando la recompensa a riesgo límite en lugar de la recompensa a riesgo normal (promedio).

La Ecuación de Camarilla

La ecuación 6x6

Como se mencionó anteriormente, hay varias versiones de la ecuación de Camarilla disponibles en los sitios y foros de todo internet. Voy a presentar la formulación aparentemente más amplia que calcula seis niveles de soporte y seis niveles de resistencia, mientras que la mayoría de las otras versiones calculan sólo cuatro.

La Ecuación de Camarilla comienza calculando el rango de precios del periodo anterior (precio más alto - precio más bajo). Procede a aumentar ese rango en un 10% y luego añade sucesivamente un doceavo, un sexto, un cuarto y la mitad de ese valor al precio de cierre del periodo anterior para determinar los cuatro primeros niveles de resistencia. Los cuatro primeros niveles de soporte se establecen simétricamente, restando los mismos valores del precio de cierre del período anterior.

Los dos últimos niveles de resistencia y soporte se calculan basándose en los cuatro niveles previos, como se describe a continuación, y con un poco de ayuda del famoso número 1,168 de Fibonacci.

Niveles de resistencia

Los **niveles de resistencia** se calculan de la siguiente manera:

Nivel de resistencia 1 (R1) = Cierre $_{N-1}$ + Rango $_{N-1}$ x 1.1 / 12

Nivel de resistencia 2 (R2) = Cierre $_{N-1}$ + Rango $_{N-1}$ x 1.1 / 6

Nivel de resistencia 3 (R3) = Cierre $_{N-1}$ + Rango $_{N-1}$ x 1.1 / 4

Nivel de resistencia 4 (R4) = Cierre $_{N-1}$ + Rango $_{N-1}$ x 1.1 / 2

Nivel de resistencia 5 (R5) = R4 + (R4 - R3) x 1.168

Nivel de resistencia 6 (R6) = Alto $_{N-1}$ / Bajo $_{N-1}$ x Cierre $_{N-1}$

El cálculo para los cuatro primeros niveles de resistencia siempre sigue el mismo patrón: simplemente agrega una fracción cada vez mayor del rango del día anterior incrementada en un 10% al precio de cierre del día anterior. La quinta resistencia se obtiene añadiendo a R4 un múltiplo de Fibonacci de la diferencia entre R4 y R3. Por último, se llega al sexto nivel de resistencia mediante la aplicación de la variación de precio del día anterior al precio de cierre del día anterior.

Para el 22 de abril, los puntos de resistencia son por lo tanto:

R1= 1,871.89 + 8,71 x 1.1 / 12 = 1,872.69

R2 = 1,871.89 + 8,71 x 1.1 / 6 = 1,873.49

R3 = 1,871.89 + 8,71 x 1.1 / 4 = 1,874.29

R4 = 1,871.89 + 8,71 x 1.1 / 2 = 1,876.68

R5 = 1,876.68 + (1,876.68 − 1,874.28) x 1.168 = 1,879.48

R6 = 1,871.89 / 1,863.18 x 1,871.89 = 1,880.64

Niveles de resistencia

Los **niveles de soporte** se calculan de la siguiente manera:

Nivel de soporte 1 (S1) = Cierre $_{N-1}$ - Rango $_{N-1}$ x 1.1 / 12

Nivel de soporte 2 (S2) = Cierre $_{N-1}$ - Rango $_{N-1}$ x 1.1 / 6

Nivel de soporte 3 (S3) = Cierre $_{N-1}$ - Rango $_{N-1}$ x 1.1 / 4

Nivel de soporte 4 (S4) = Cierre $_{N-1}$ - Rango $_{N-1}$ x 1.1 / 2

Nivel de soporte 5 (S5) = S4 - (S3 - S4) x 1.168

Nivel de soporte 6 (S6) = Cierre $_{N-1}$ - (R6 - Cierre $_{N-1}$)

El cálculo de los cuatro primeros niveles de soporte siempre sigue el mismo patrón: simplemente resta del precio de cierre del día anterior una fracción cada vez mayor del rango del día anterior aumentado en un 10%. El quinto soporte se obtiene restando de S4 un múltiplo de Fibonacci de la diferencia entre S3 y S4. Por último, se llega al sexto nivel de soporte restando del precio de cierre del día anterior su diferencia a R6.

Para l 22 de abril los niveles de soporte son, por tanto:

S1 = 1,871.89 – 8.71 x 1.1 / 12 = 1,871.09

S2 = 1,871.89 – 8.71 x 1.1 / 6 = 1,870.29

S3 = 1,871.89 – 8.71 x 1.1 / 4 = 1,869.49

S4 = 1,871.89 – 8.71 x 1.1 / 2 = 1,867.11

S5 = 1,867.11 - (1,869.49 – 1,867.11) x 1.168 = 1,864.30

S6 = 1,871.89 - (1,880.64 – 1,871.89) = 1,863.14.

Pautas para comerciar

La Ecuación de Camarilla da recomendaciones para comerciar específicas basadas en la posición del precio de apertura en relación a sus niveles de resistencia y soporte calculados. Además, a diferencia de la mayoría de los sistemas de comercio que son orientados a la regresión media o a seguir la tendencia, la Ecuación de Camarilla sugiere tanto las operaciones   de regresión como de ruptura .

Operaciones de regresión

Si el precio de apertura cae en el intervalo entre el nivel de soporte 3 (S3) y el nivel de resistencia 3 (R3), una operación de regresión a la media está en el horizonte.

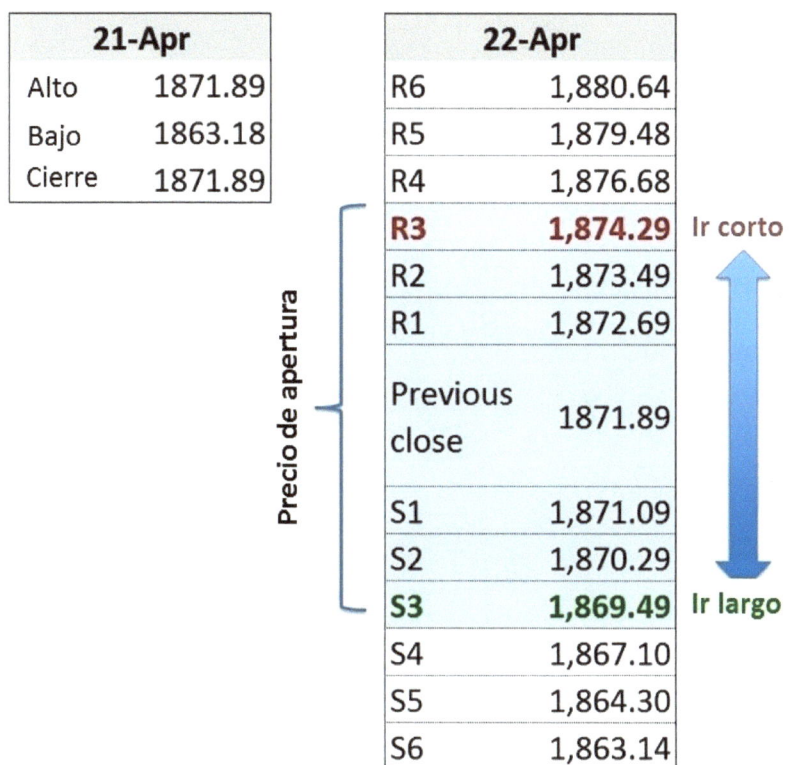

Rango de entrada operación de regresión

A. Posición larga cuando el precio llega a S3. Los objetivos de beneficios son R1, R2 y R3 y el stop pérdida es S4.

22-Apr		
R6	1,880.64	
R5	1,879.48	
R4	1,876.68	
R3	**1,874.29**	
R2	**1,873.49**	Objetivos de beneficios
R1	**1,872.69**	
Previous close	1871.89	
S1	1,871.09	
S2	1,870.29	
S3	**1,869.49**	**Ir largo**
S4	**1,867.10**	**Stop**
S5	1,864.30	
S6	1,863.14	

Comercio largo de regresión

B. Posición corta cuando el precio llega a R3. Los objetivos de beneficios son S1, S2 y S3 y el stop pérdida es R4.

22-Apr		
R6	1,880.64	
R5	1,879.48	
R4	**1,876.68**	**Stop**
R3	**1,874.29**	**Ir corto**
R2	1,873.49	
R1	1,872.69	
Previous close	1871.89	
S1	**1,871.09**	
S2	**1,870.29**	Objetivos de beneficios
S3	**1,869.49**	
S4	1,867.10	
S5	1,864.30	
S6	1,863.14	

Comercio corto de regresión

Operaciones de ruptura

Si el precio de apertura cae en el intervalo entre el nivel de resistencia 3 (S3) y el nivel de resistencia 4 (R4), o entre el nivel de soporte 3 (S3) y el nivel de soporte 4 (S4), una operación de ruptura está en el horizonte.

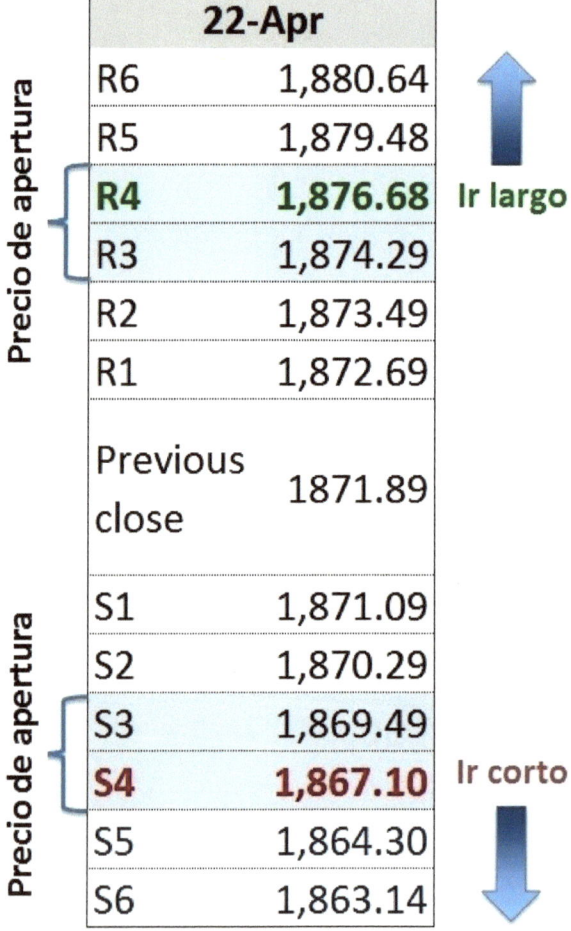

22-Apr	
R6	1,880.64
R5	1,879.48
R4	**1,876.68** Ir largo
R3	1,874.29
R2	1,873.49
R1	1,872.69
Previous close	1871.89
S1	1,871.09
S2	1,870.29
S3	1,869.49
S4	**1,867.10** Ir corto
S5	1,864.30
S6	1,863.14

Precio de apertura

Rango de entrada operación de ruptura.

A. *Posición larga* cuando el precio llega a R4. Los objetivos de beneficios son R5 y R6. El stop pérdida es R3.

22-Apr		
R6	1,880.64	Objetivos de
R5	1,879.48	beneficios
R4	1,876.68	Ir largo
R3	1,874.29	Stop
R2	1,873.49	
R1	1,872.69	
Previous close	1871.89	
S1	1,871.09	
S2	1,870.29	
S3	1,869.49	
S4	1,867.10	
S5	1,864.30	
S6	1,863.14	

Precio de apertura

Comercio largo de ruptura.

B. Posición corta cuando el precio llega a S4. Los objetivos de beneficios son S5 y S6. El stop pérdida es S3.

22-Apr	
R6	1,880.64
R5	1,879.48
R4	1,876.68
R3	1,874.29
R2	1,873.49
R1	1,872.69
Previous close	1871.89
S1	1,871.09
S2	1,870.29
S3	1,869.49	Stop
S4	1,867.10	Ir corto
S5	1,864.30	Objetivos de beneficios
S6	1,863.14	

Precio de apertura

Comercio corto de ruptura.

Probando la Ecuación de Camarilla

Dificultades a la hora de probarla

Buscando en internet, uno puede encontrar fácilmente varias personas que dicen estar negociando con éxito usando la ecuación de Camarilla, o haber tenido resultados positivos usándola. De esos, sólo unos pocos ofrecen alguna evidencia escasa y ciertamente no es suficiente para evaluar los méritos de cualquier sistema de comercio.

La Ecuación de Camarilla se supone que funciona con independencia del activo operado o la duración del comercio. Por lo tanto, se puede utilizar para operar con acciones, índices, divisas, materias primas y derivados, en cualquier período de tiempo. Esta enorme variedad de posibilidades de operación hace que probar la Ecuación de Camarilla sea una tarea difícil cuya complejidad se agrava si se tienen en cuenta los costes de negociación y los diferenciales cobrados por diferentes corredores. Además algunos activos, como los pares de divisas no se comercian en un intercambio lo que significa que la misma operación puede ser ejecutada a diferentes precios dependiendo del corredor que la lleva a cabo.

Para probar la Ecuación de Camarilla para los mercados, activos y plazos que le interesan, por lo tanto le estoy proporcionando una herramienta que se puede descargar gratuitamente desde http://www.morbat.com/ntwz. Es un asesor experto que trabaja con MetaTrader4, que es probablemente la plataforma comercial más popular y omnipresente y puesto a disposición por los corredores de todo el mundo.

Ganancia, pérdida y recompensa a riesgo

Puesto que la Ecuación de Camarilla proporciona los puntos de y de salida precisos para una operación podemos calcular para cada operación posible su beneficio máximo, pérdida máxima y su recompensa a riesgo límite. Con esa información podemos entonces calcular la proporción de ganancia mínima necesaria victoria para que tenga una expectativa positiva. Suponiendo que uno sale del comercio cuando se alcanza el primer nivel de beneficios, los cálculos son los siguientes:

Operaciones largas de regresión

El **beneficio máximo por operación** es dado por R1 - S3, o:

Beneficio máximo = $(\text{Cierre}_{N-1} + \text{Rango}_{N-1} \times 1.1 / 12) - (\text{Cierre}_{N-1} - \text{Rango}_{N-1} \times 1.1 / 4)$

Beneficio máximo = $\text{Rango } N-1 \times 1.1 / 3$

La pérdida máxima por operación es dada por S3 - S4, o:

Pérdida máxima = $(\text{Cierre } N-1 - \text{Rango } N-1 \times 1.1 / 4) - (\text{Cierre } N-1 - \text{Rango } N-1 \times 1.1 / 2)$

Pérdida máxima = $\text{Rango } N-1 \times 1.1 / 4$

La recompensa a riesgo límite por operación es por tanto:

Recompensa a riesgo límite = $(\text{Rango } N-1 \times 1.1 / 3) / (\text{Rango } N-1 \times 1.1 / 4)$

Recompensa a riesgo límite = 1.33(3).

Operaciones cortas de regresión

El **beneficio máximo por operación** es dado por R3 - S1, o:

Beneficio máximo = $(\text{Cierre } N-1 + \text{Rango } N-1 \times 1.1 / 4) - (\text{Cierre } N-1 - \text{Rango } N-1 \times 1.1 / 12)$

Beneficio máximo = Rango N-1 x 1.1 / 3

De forma similar, la **pérdida máxima por operación** es dada por R4 - R3, o:

Pérdida máxima = (Cierre N-1 + Rango N-1 x 1.1 / 2) - (Cierre N-1 + Rango N-1 x 1.1 / 4)

Pérdida máxima = Rango N-1 x 1.1 / 4

La recompensa a riesgo límite por operación es:

Recompensa a riesgo límite = (Rango N-1 x 1.1 / 3) / (Rango N-1 x 1.1 / 4)

Recompensa a riesgo límite = 1.33(3).

Operaciones largas de ruptura

El **beneficio máximo por operación** es R5 - R4, o:

Beneficio máximo = (R4 + (R4 - R3) x 1.168) - (Cierre N-1 + Rango N-1 x 1.1 / 2)

Beneficio máximo = Rango N-1 x 1.1 / 4 x 1.168

De forma similar, la **pérdida máxima por operación** es dada por R4 - R3, o:

Pérdida máxima = (Cierre N-1 + Rango N-1 x 1.1 / 2) - (Cierre N-1 + Rango N-1 x 1.1 / 4)

Pérdida máxima = Rango N-1 x 1.1 / 4

La recompensa a riesgo límite por operación es:

Recompensa a riesgo límite = (Rango N-1 x 1.1 / 4 x 1.168) / (Rango N-1 x 1.1 / 4)

Recompensa a riesgo límite = 1.168.

Operaciones cortas de ruptura

El **beneficio máximo por operación** es dado por S4 - S5, o:

Beneficio máximo = S4 - (S4 - (S3 - S4) x 1.168)

Beneficio máximo = Rango N-1 x 1.1 / 4 x 1.168

La **pérdida máxima por operación** es dada por S3 - S4, o:

Pérdida máxima = (Cierre N-1 - Rango N-1 x 1.1 / 4) - (Cierre N-1 - Rango N-1 x 1.1 / 2)

Pérdida máxima = Rango N-1 x 1.1 / 4

La recompensa a riesgo límite por operación es:

Recompensa a riesgo límite = (Rango N-1 x 1.1 / 4 x 1.168) / (Rango N-1 x 1.1 / 4)

Recompensa a riesgo límite = 1.168.

Proporción de ganancia requerida

La siguiente tabla muestra la proporción de ganancia mínima requerida para lograr una expectativa positiva de 0,1 para cada operación posible dada su recompensa a riesgo.

Proporción de ganancia requerida	Regresión	Ruptura
Proporción de ganancias	47.21%	50.74%
Recompensa a riesgo	1.33	1.168
Expectativa	0.10	0.10

Recuerde, esto es suponiendo que el comercio es 100% salido en el primer nivel de toma de beneficios. Puede definir otras reglas de salida, por ejemplo, salir en un 50% en el primer nivel de toma de beneficios y un 50% en el segundo nivel de beneficios, y luego aplicar el mismo procedimiento para probar con el activo y el plazo que le interese.

Una vez más, para descargar la herramienta de prueba vaya a http://www.morbat.com/ntwz.

Le deseo lo mejor. ¡Comercie con sentido común, diviértase y obtenga beneficios!

Si le gustó este libro por favor deje un comentario. Gracias.

Sobre el autor

José Manuel Moreira Batista es un comerciante e inversor privado y gestiona intereses privados. Después de graduarse en Administración de Empresas en 1982 pasó una temporada en las Fuerzas Aéreas y luego llegó a ocupar cargos ejecutivos en varias empresas multinacionales hasta 1999.

Ese año dejó el mundo de la empresa y creó la empresa de consultoría y formación que aún posee en la actualidad. También dio cursos universitarios sobre Finanzas Corporativas, Contabilidad Financiera, Contabilidad de Costos e Inmobiliaria.

Como una muestra inicial de su planificación de mercado peculiar comenzó a operar en el mercado de valores en 1987. En caso de que se esté preguntando, no perdió dinero en el lunes negro ya que ~~tuvo suerte~~ fue lo suficientemente inteligente como para salir de todas sus posiciones unos días antes del Lunes, 19 de octubre. Siguió comerciando activamente, estudiando e investigando lo largo de los años.

Sus libros y cursos orientados a los resultados mezclan la experiencia con una base teórica sólida para ofrecer conocimiento práctico y fácil de seguir que trae beneficios inmediatos a los lectores y estudiantes.

Descargo de responsabilidad

El autor y el editor no hacen ninguna representación en cuanto a la exactitud, integridad, adecuación o validez de cualquier información de este libro y no serán responsables de ningún error u omisión en dicha información ni de los daños derivados de su uso. El autor y el editor no están prestando servicios de asesoría de inversión ni actúan en calidad de asesores de inversión registrados ni agentes de bolsa; tampoco pretenden decir o sugerir qué valores o divisas debe comprar ni vender. El autor y el editor pueden tener posiciones en las acciones, divisas o sectores discutidos aquí. Usted entiende y reconoce que hay un alto grado de riesgo involucrado en el comercio y que el autor y el editor no asumen ninguna responsabilidad u obligación por los resultados de las transacciones e inversión.

No se debe asumir que los métodos, técnicas o indicadores presentados serán rentables o que no resultarán en pérdidas. Los resultados pasados de cualquier comerciante individual o sistema de comercio no son indicativos de rendimientos futuros de dicho comerciante o sistema, y no son indicativos de rendimientos futuros que pueden ser conseguidos por usted. Además, los indicadores, estrategias, escritos, libros de trabajo, hojas de cálculo, listas de verificación; planos, etc. se proporcionan para fines informativos y educativos solamente y no se deben interpretar como de inversión o asesoramiento comercial. Usted no debe confiar únicamente en la información proporcionada para hacer una inversión. Más bien, se debe utilizar sólo como un punto de partida para su propia investigación independiente para poder formar su propia opinión acerca del comercio y las inversiones. Además, siempre debe consultar con su asesor financiero y fiscal licenciado para determinar la idoneidad de cualquier comercio o inversión.

LOS RESULTADOS DE RENDIMIENTO HIPOTÉTICOS O SIMULADOS TIENEN LIMITACIONES INHERENTES DETERMINADAS. A DIFERENCIA DE UN REGISTRO DE RENDIMIENTO REAL, LOS RESULTADOS SIMULADOS NO REPRESENTAN OPERACIONES REALES Y NO PUEDEN SER AFECTADOS POR INTERMEDIACIÓN Y OTROS CARGOS DE DESLIZAMIENTO. ADEMÁS, PUESTO QUE LOS COMERCIOS NO SE HAN REALIZADO REALMENTE, LOS RESULTADOS PUEDEN HABER SUB O SOBRE-COMPENSADO EL IMPACTO, SI LO HAY, DE CIERTOS FACTORES DEL MERCADO, COMO LA FALTA DE LIQUIDEZ. LOS PROGRAMAS DE COMERCIO SIMULADOS EN GENERAL ESTÁN TAMBIÉN SUJETOS AL HECHO DE QUE ESTÁN DISEÑADOS CON EL BENEFICIO DE LA RETROSPECTIVA. NO SE REALIZA NINGUNA REPRESENTACIÓN DE QUE NINGUNA CUENTA OBTENDRÁ O ES PROBABLE QUE OBTENGA BENEFICIOS O PÉRDIDAS SIMILARES A LOS QUE SE MUESTRAN.

El autor o el editor pueden tener una relación de afiliación con todas o algunas de las empresas cuyos productos o servicios se mencionan. Esto significa que, sin costo adicional para usted, el autor o el editor pueden ganar una comisión si usted decide comprar cualquiera de sus productos o servicios.

www.ingramcontent.com/pod-product-compliance
Lightning Source LLC
Chambersburg PA
CBHW040852180526
45159CB00001B/400